OBSERVATIONS

SUR

LES RELATIONS POLITIQUES

ET COMMERCIALES

DE L'ANGLETERRE ET DE LA FRANCE

AVEC LA CHINE.

OBSERVATIONS

SUR

LES RELATIONS POLITIQUES

ET COMMERCIALES

DE L'ANGLETERRE ET DE LA FRANCE

AVEC LA CHINE;

PAR L. LANGLÈS,

MEMBRE DE L'INSTITUT NATIONAL, etc.

———

A PARIS,

DE L'IMPRIMERIE DE DELANCE ET LESUEUR.

====

AN XIII. — 1805.

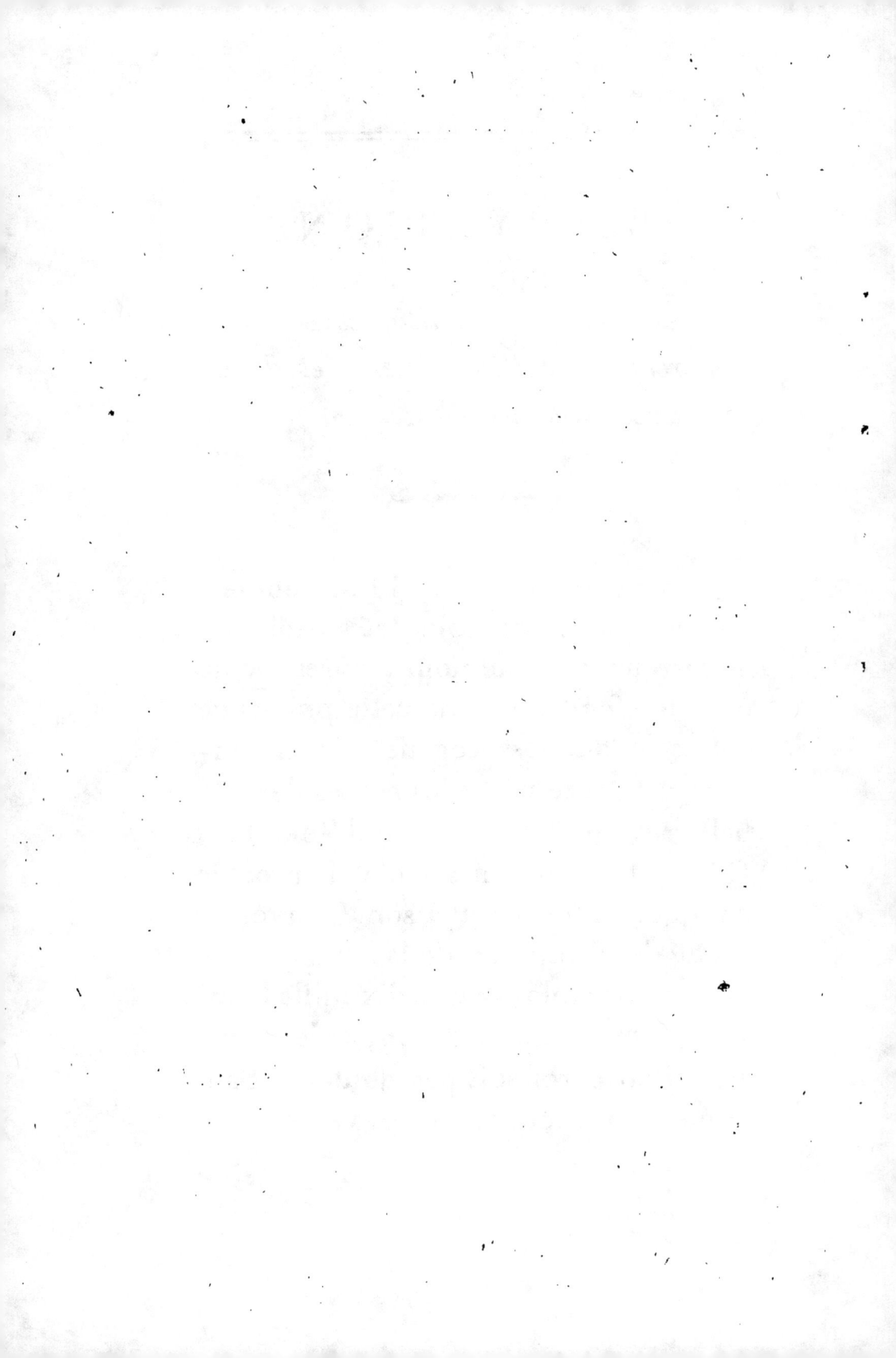

OBSERVATIONS

*Sur les Relations politiques et com-
merciales de l'Angleterre et de la
France avec la Chine.*

～～～～～

APRÈS avoir rempli l'Inde entière
du bruit de ses exploits, et surtout de
la terreur de son nom ; après avoir
posé les fondemens de cette puissance
colossale que les Anglais élèvent encore chaque jour sur les ruines de cette
belle et malheureuse contrée, lord
Clive, toujours insatiable d'or et de
conquêtes, proposa à son Gouvernement de s'emparer de la Chine. Il ne
comptoit employer que dix mille hommes pour cette expédition, et le succès
ne lui en paroissoit pas douteux. Sans
prétendre atténuer les graves et trop

justes reproches faits à lord Clive par ses propres compatriotes, nous ne croyons pas qu'il ait jamais été taxé de présomption. Il connoissoit parfaitement le caractère des habitans de l'Asie orientale, et le Bengale est si voisin de la Chine (1), que les Anglais établis dans l'Inde doivent avoir des renseignemens très-exacts sur la véritable situation de cet empire, dont la conquête, en effet, ne nous paroît pas présenter des difficultés insurmontables. Souffrant avec impatience le joug pénible que, depuis un siècle et demi, les Tatârs appesantissent sur leur tête,

(1) Calcutta n'est pas à plus de 600 milles anglais (200 lieues) d'Yunân, la plus occidentale des provinces de la Chine; et la frontière orientale du Bengale, nommée Silhet, est au plus à 350 milles anglais des frontières de la Chine, de manière que Silhet se trouve à une égale distance de ces frontières et de Calcutta. Voyez le *Discours sur le 2e. livre classique des Chinois*, par M. Jones, et ma note sur ce discours, tom. II, p. 240 des *Recherches asiatiques*, traduction française.

constamment écartés des hautes dignités de leur propre gouvernement (1),
et isolés de leurs maîtres par la langue,
les mœurs, les préjugés et les usages,
les Chinois ne manqueroient pas d'accueillir et de seconder de tout leur pou-
voir les étrangers qui se présenteroient
pour les délivrer des Mantchoux (2).
Ceux-ci énervés, abâtardis par un long

---

(1) « Ce qui augmente encore la haine des Chinois
» contre cette nation, c'est que les premières dignités
» de l'Empire, celles de vice-roi, de colao, etc., ne sont
» jamais données qu'à des seigneurs tatârs. » *Voyage
de Hüttner*, pag. 226 de l'édit. *in-18*, et page 224 de
l'édit. *in-8°.*, *à la suite de l'Ambassade de lord Macartney*; dans cette dernière édition, cet important
passage me paroît un peu altéré.

(2) « On auroit tort, dit M. Hüttner, de croire que
» la jalousie des grands de la Chine et du peuple
» contre le Gouvernement tatâr ne subsiste plus, les
» deux nations se haïssent mutuellement du fond du
» cœur, etc. » *Voyage à la Chine, par Hüttner*, p. 224
de l'édit. *in-18*, et 223 de l'édit. *in-8°.*, *à la suite de
l'Ambassade de lord Macartney.*

séjour au milieu de la nation la plus
avilie, la plus corrompue et la plus
policée de la terre, ne conservent maintenant de leur origine primitive que le
nom, la rudesse et l'avidité ; ils sem-
blent avoir laissé leur valeur au fond
de leurs déserts paternels ; et aujour-
d'hui les vainqueurs seroient moins re-
doutables que les vaincus. Au moins
il n'y a pas de doute que tels qu'ils sont
actuellement, les Mantchoux n'eussent
jamais envahi l'immense empire où ils
exercent une autorité si despotique ;
il est même aisé de prévoir que d'ici à
peu d'années, sans aucune intervention
étrangère, les Chinois parviendront à
les exterminer ou à les repousser au delà
de la grande muraille. Tel est le sort
qu'ont toujours éprouvé, qu'éprouve-
ront toujours les peuples conquérans
qui veulent s'isoler des habitans du pays
conquis. C'est ainsi qu'à différentes
époques, différentes hordes de Tatârs
ou de Monghols s'emparèrent de la

Chine ou de plusieurs provinces de cet empire, s'y établirent en souverains, et en furent bientôt chassés, sans opposer plus de résistance qu'ils n'en avoient éprouvé eux-mêmes au moment de leur invasion.

Quel est donc le motif qui peut avoir détourné le Cabinet Britannique d'entreprendre une expédition dont le succès étoit à peu près certain, et qui devoit procurer à la nation anglaise d'incalculables avantages commerciaux, politiques et pécuniaires, suivant l'opinion de lord Clive ? Parmi ces avantages, cet officier mettoit au premier rang l'extinction de la dette publique de l'Angleterre par le moyen des sommes que l'on trouveroit en Chine. Lord Chatham, qui tenoit alors les rênes du gouvernement, ne se laissa point séduire par ces flatteuses espérances ; il allégua, pour motiver son refus, que la dette publique n'étoit pas un fléau aussi désastreux qu'on pouvoit l'imaginer.

Selon ce ministre, elle est même néces-
saire pour maintenir le peuple dans
une certaine activité; mais étoit-ce bien
là le motif du refus de lord Chatham,
et n'avoit-il pas d'autres considérations
plus puissantes? Quant à moi, je crois en
avoir pressenti quelques-unes qui sub-
sistent toujours, et qui détournent encore aujourd'hui et détourneront long-
temps les Anglais de tenter une invasion dans la Chine; je vais les indiquer.
Lord Chatham n'ignoroit point, sans
doute, qu'à la Chine, comme dans tous
les pays soumis au gouvernement ab-
solu, le peuple est extrêmement pauvre,
et que les grandes fortunes sont rares
et de courte durée. Des impôts exces-
sifs et multipliés sous différentes formes
et dénominations, les vexations exer-
cées par les Mandarins, les proscrip-
tions lancées contre ces concussion-
naires, et constamment suivies de la
confiscation de leurs biens entraînent
naturellement et irrévocablement tou-

tes les richesses de l'Etat dans les coffres du souverain, où elles demeurent ensevelies à jamais; car celui-ci se regardant comme étranger dans la capitale de son Empire, a soin d'expédier à Moukden, tous les objets précieux qu'il peut recueillir (1). Moukden est, comme on sait, la capitale de la patrie des Mantchoux, qui ne lui ont pas dit un éternel adieu; on en est aisément convaincu en lisant l'*Eloge* de cette ville, poëme composé en chinois et en tatâr par l'Empereur Kien-Long (2).

(1) « Les Tatârs de distinction font aussi porter en » Tatârie les corps de leurs parens morts en Chine, » parce qu'ils craignent d'être obligés tôt ou tard de » quitter ce beau royaume, et ils ne peuvent supporter » ter l'idée de laisser à leurs ennemis les cendres révé- » rées de leurs pères »... *Voyage de Hüttner*, page 227 de l'édition *in*-18, et 224 de l'édit. *in*-8°.

(2) Le texte original de ce poëme existe en chinois et en mantçhou à la Bibliothèque Impériale; il a été traduit en français par M. Amiot, et publié par M. de Guignes, en 1770, *in*-8°., 1 vol. D'après les expres-

C'est là que l'on enterre, sous le lit
d'une rivière, les trésors envoyés de la
Chine par les souverains Mantchoux.
La garde de cet inappréciable dépôt est
confiée à un homme de leur nation,
d'une fidélité éprouvée, et entièrement
dévoué à la dynastie des Tay-Tsing (1);
ainsi ces sommes énormes que les Européens portent chaque année à Canton et à Macao, et donnent en échange

sions mêmes de Kien-Long, et une note de M.
Amiot, il y a lieu de croire que la fondation de
Moukden ne remonte pas au delà de l'an 1631. Voyez
l'Eloge de Moukden, p. 51.

(1) Nom de la dynastie mantchoue, actuellement
régnante à la Chine, depuis 1644; ce mot est composé
de *tay* (grand, grande), et *tsing* (pur, net, clair).
M. Amiot pense qu'on pourroit traduire ces mots
par ceux-ci, *grande balayeuse*, et croit que c'est le
véritable sens, car les Mantchoux ont voulu donner
à leur dynastie un nom qui exprimât ce qu'elle avoit
fait. Elle a balayé les deux Empires et les a délivrés de
tous les brigands et les malfaiteurs qui les infestoient.
Eloge de Moukden, pag. 26, *note* 16.

des dépouilles de quelques misérables
arbustes ou d'objets également super-
flus, auxquels le caprice seul et la
mode ont donné chez nous une valeur
idéale, toutes ces matières d'or et d'ar-
gent sont perdues à jamais pour nous,
pour le commerce et pour les Chinois
eux-mêmes à qui nous les prodiguons;
car, après avoir passé par un grand
nombre de mains, elles tombent en
dernier résultat dans celles du monar-
que, qui les replonge dans les entrailles
de la terre, d'où elles ne sortiront
peut-être jamais.

Tels sont, à mon avis, les véritables
motifs qui déterminèrent le refus du
Cabinet de Saint-James. La prompte
résignation de lord Clive, et le mys-
tère dont sa proposition fut couverte,
prouvent assez qu'une grande partie
de ces motifs ne lui avoit pas échap-
pé; mais, élevé dans le métier des ar-
mes, l'amour des conquêtes pouvoit
bien quelquefois lui faire négliger

de simples considérations politiques.

Au reste, soit que ce projet fût repoussé pour toujours, soit que l'exécution en fût différée à des circonstances plus opportunes, le Gouvernement Anglais ne prétendit point fermer les yeux sur les avantages que lui procureroient des liaisons plus intimes avec la Chine. L'usage du thé devenant chaque jour plus commun dans le nord de l'Europe, les Anglais qui vouloient ne rien négliger pour s'assurer du commerce exclusif de cette production particulière à la Chine, résolurent donc de s'insinuer comme négocians dans un pays dont ils ne daignoient pas tenter la conquête.

Dès 1788, un Ambassadeur fut expédié de Londres, de la part de Sa Majesté Britannique (1), auprès du fils du

(1) Le colonel Cathcart, frère du lord de ce nom, premier Envoyé du roi d'Angleterre auprès de l'Empereur de la Chine, mourut en se rendant à son poste,

Ciel (1), le sage et vénérable Kien-Long ; mais cet Ambassadeur étant tombé malade pendant la traversée, fut obligé de s'arrêter à Anguéra, où il mourut. A peine le Cabinet Britannique fut-il instruit de cet événement, qu'il prépara une ambassade plus brillante que la première. Un négociateur consommé dans la diplomatie, lord Macartney, fut chargé de cette mission im-

en 1788, et fut enterré à la pointe d'Anguéra, dans les îles de la Sonde. Voyez *la Relation de l'Ambassade de lord Macartney à la Chine, par M. Æneas Anderson*, etc., tome Ier., pag. 72 et 73 de la traduction de M. Lallemand, *le Voyage dans l'intérieur de la Chine et en Tartarie, fait dans les années 1792-4, par lord Macartney*, etc., tome I, page 219 de la traduction de M. Castera, 3e. édition, et *le Voyage de M. Holmes*, page 86 de la traduction française.

(1) *Tien-tsé*. C'est un des titres que les Chinois donnent à leur Empereur. Ils le regardent, en effet, comme un être de nature plus qu'humaine, ont pour lui des attentions et un respect inimaginables, et, suivant l'expression d'un voyageur, ils voudroient lui procurer un air différent de celui que respirent les autres hommes.

portante; et, afin de prévenir l'incon-
vénient qu'on avoit déjà éprouvé par
la mort du précédent Ambassadeur,
on donna à celui-ci un suppléant ; sir
Georges Staunton fut adjoint à lord
Macartney en qualité de Ministre plé-
nipotentiaire de Sa Majesté Britannique, et chargé de le remplacer dans le
cas où cet Ambassadeur viendroit à
mourir. Malgré les talens bien connus
de ces deux Ministres, le succès de leurs
négociations ne répondit pas à l'attente
de leur Cour. Cette expédition, qui
coûta au Gouvernement Anglais plus
de cinq cent mille livres sterlings (près
de douze millions de notre monnoie),
n'eut qu'une issue insignifiante, pour
ne pas dire ridicule ; car, suivant l'expression d'un membre de cette expédition, ils furent accueillis comme des
aventuriers et éconduits comme des
voleurs. C'est même à tort que quelques
écrivains croient leur devoir l'*hortensia*. Cette fleur magnifique et digne de

figurer

figurer dans les boudoirs de nos belles, comme dans nos plus beaux parterres, nous a été apportée par M. Commerson, qui lui donna le nom de *Pautia* (1); M. de Jussieu changea ce nom en celui de *hortensia*. Outre le système de conduite politique et invariable de la Cour de Pékin envers les étrangers, d'autres circonstances contribuèrent encore à déranger les plans de l'Ambassadeur et à traverser toutes les négociations qu'il avoit entamées. Je me bornerai à en citer une assez étrange, et qui exige quelques détails préliminaires. Vers 1772, le râdjah du Boutan, qui relève immédiatement de la Cour du Tibet, ayant eu quelques différends avec un prince du Béhàr, fit une invasion dans cette province, située entre le Bengale et le Boutan ; il fut vivement repoussé par le prince indien,

(1) A cause de Mme. le Paute, femme aimable et savante en astronomie. Voyez la *Bibliographie astronomique* de M. de Lalande, page 680.

2.

qui avoit eu la précaution d'appeler les
Anglais à son secours. Ceux-ci, profitant
de leurs avantages, pénétrèrent dans
le Boutan, où ils firent un grand butin,
et battirent la garnison chinoise de Lhas-
sa; qui étoit venue pour s'opposer à
leurs progrès. On sait que le grand
Lama et la capitale du Tibet sont sous
la protection immédiate de l'Empereur
de la Chine (1). Par un concours d'événemens qui tiennent de la fatalité, le
général chinois qui avoit été battu par
les Anglais dans le Boutan, arriva à

---

(1) Voyez de plus amples détails sur cet important
événement, dans les *Voyages au Thibet, faits en 1625,
en 1774, 1784 et 1785*, etc., *traduits par MM. Par-
raud et Billecoq*, pag. 10 et suiv. de la Préface; Crauf-
furd's *sketches chiefly relating to.... the Hindoos*,
tome II, pag. 165-216; Turner's *account of an Am-
bassy to the court of the Teshoo Lama in Tibet*, etc.,
pag. VIII et suiv. de la Préface, édit. *in-4°.*, et t. I,
pag. 4 et suiv. de la traduction française de M. Castera,
et mes *notes* sur les *Recherches asiatiques*, tome I,
page 137-150 de la traduction française.

la Cour de Chine en même temps que l'ambassade de lord Macartney. On imagine bien quelles pouvoient être ses dispositions à l'égard des Anglais : il ne manqua pas de les peindre comme une nation usurpatrice et très-dangereuse pour celles qui ont l'imprudence de l'accueillir; enfin, la mauvaise fortune des Anglais voulut que ce même général fût nommé vice-roi de Canton : il avoit conséquemment tous les moyens de leur causer les plus grands désagrémens, et il n'en négligea aucun (1); car jusqu'au moment de son arrivée à Jéhol en Tatârie, où se trouvoit alors l'Empereur, les Anglais avoient éprouvé un fort bon accueil, et leurs négociations prenoient une tournure assez satisfaisante. Bientôt les affaires changèrent de face, les obstacles se multiplièrent à l'infini; l'Ambassadeur, qui

_____

(1) *Voyage de lord Macartney*, tome III, pag. 249 et suiv. de la troisième édit.

avoit fait ses dispositions pour passer l'hiver à Pékin, reçut tout à coup son audience de congé; on le reconduisit, avec toute sa suite, jusqu'à Canton. Les Anglais marchoient nuit et jour, et firent environ cinq cents lieues sans s'arrêter; à la vérité, comme ils naviguèrent sur le Fleuve Jaune et principalement sur le grand canal pendant une grande partie de la route, ce trajet ne fut pas très-fatigant. Loin de se laisser décourager par la mort de leur premier Ambassadeur, et par l'expulsion très-formelle du second, les Anglais se disposent à en envoyer un troisième. La mort de Kien-Long a ranimé leurs espérances ; ils se flattent de trouver des dispositions plus favorables dans le successeur qui est aussi le fils de ce sage souverain (1). Nous ignorons jusqu'à

(1) Kien-Long, âgé de 85 ans, et après en avoir régné 60, abdiqua, en 1796, en faveur de son 17ᵉ. fils; il mourut peu de temps après cette abdication, emportant avec lui l'estime, les regrets et la vénération

quel point leurs espérances peuvent être fondées, mais nous croyons que la Cour de Pékin n'est pas sujette à varier dans son système politique, surtout à l'égard des étrangers, et plus particulièrement encore à l'égard des Anglais. Le bruit de leur conquêtes et de leurs envahissemens dans l'Inde doit retentir souvent aux oreilles des Chinois.

Quelle que soit, au reste, notre opi-

des deux nations qu'il avoit si bien gouvernées, le respect des soldats, qu'il avoit toujours bien dirigés et largement récompensés ; en outre, l'amour des savans et des littérateurs, qui avoient constamment trouvé en lui un digne émule et un protecteur généreux ; son nom honorablement consigné dans ses propres ouvrages et célébré dans presque tous ceux qui ont paru pendant le long cours de son règne, fera une époque mémorable dans les annales des Chinois et des Tatârs. Puisse son exemple convaincre les souverains de ces nations, que la gloire qui résulte de la culture des lettres et des arts, ou de la protection que l'on accorde à ceux qui s'y livrent, est à la fois la plus brillante, la plus pure et la plus durable !

nion sur toutes les opérations politiques et militaires de ces ambitieux in-
sulaires, et malgré le juste ressentiment
qui nous anime contre eux, nous ne
pouvons nous empêcher d'admirer leur
génie actif, industrieux et entrepre-
nant. Non contens de faire seuls le commerce de l'Inde à peu près en entier,
ils veulent accaparer celui de la Chine,
et, pour y parvenir, ils se soumettent
à tous les caprices des Mandarins sub-
alternes, bravent les orages d'une Cour
ennemie de tous les étrangers, très-défa-
vorablement prévenue contre eux, et
dont ils ne connoissent ni la langue, ni
les protocoles, ni les intrigues; enfin,
malgré leur caractère mercantile, ils
affectent beaucoup de générosité et une
rigoureuse probité (1). Ils n'ignorent

(1) L'Administration de la Compagnie des Indes
jouit d'une telle confiance dans toute l'Asie orientale,
même parmi les Chinois, qui sont les plus fripons, et
conséquemment les plus méfians des hommes, que

pas que les seuls Européens admis à
cette Cour sont des missionnaires ca-
tholiques, parmi lesquels ne se trouve
pas un seul Anglais, et qui doivent
être peu disposés à seconder les pro-
jets d'hérétiques qui méconnoissent le
Chef suprême de la chrétienté. A la
vérité, l'accueil généreux et hospitalier

l'ambassade anglaise vit à Pékin des ballots de draps
portant le cachet de cette Compagnie, et absolument
tels qu'ils avoient été embarqués à Londres; les négocians et les facteurs de Canton, de Macao et de Pékin
avoient trafiqué ces ballots sans les ouvrir, parce
qu'il n'y a pas d'exemple qu'ils aient été trompés sur
la quantité ou la qualité du contenu. Que ne puis-je
rendre ici le même témoignage à nos compatriotes.
Mais « la fraude excessive de nos fabricans, dit M.
» Félix Beaujour, a commencé dès 1782 à dégoûter
» les Turks, etc. » Voyez le *Tableau du commerce de
la Grèce*, tome I, pag. 58; l'auteur de cet excellent
ouvrage, trop peu connu, présente des vues sages et
profondes sur le commerce du Levant; il indique les
moyens de réprimer la stupide avidité de nos mar-
chands, et de rendre à notre commerce toute sa splen-
deur.

que nos prêtres fugitifs ont éprouvé,
pendant la révolution, dans la Grande-
Bretagne, peut avoir affoibli et presque effacé l'antique ressentiment que
tous les partisans de la Cour de Rome
conservoient contre les habitans de ce
royaume; l'empressement des prêtres
de la propagande à fournir des interprètes pour l'ambassade de lord Macartney, et les renseignemens utiles
que lui donnèrent les missionnaires de
Pékin, suffisent pour prouver un chan-
gement de dispositions mutuelles.

Mon intention est bien moins ici de
faire l'apologie de nos ennemis que d'a-
dresser des reproches bien fondés à mes
propres concitoyens. Aucune nation
européenne n'a eu autant que nous, les
moyens d'ouvrir et d'entretenir une
correspondance politique et commer-
ciale avec la Chine; et jamais nous
n'en avons profité, pas même aux
époques où nos vaisseaux circuloient
librement dans toute l'étendue des mers.

Nous nous contentions alors d'expédier quelques navires pour Canton, et nous nous bornions dans le commerce de la Chine à un rôle secondaire, tandis que nous pouvions aisément prendre le premier, et nous débarrasser même de tous les concurrens capables de nous nuire ou seulement de nous inquiéter. Voici les preuves de ma proposition. — Nos relations avec la Chine datent de plus d'un siècle ; et quoique nos missionnaires aient quelquefois exagéré les témoignages de bienveillance que leur accordoit l'Empereur, il n'y a pas de doute que plusieurs d'entre eux n'aient joui d'une très-haute faveur, qui auroit pu avoir des conséquences politiques fort avantageuses pour la patrie de ces missionnaires, si le gouvernement d'alors eût su en tirer parti. Nos vues ne se sont dirigées que vers des objets de pure curiosité, et pour que l'on puisse juger de nos succès en ce genre, je citerai le témoignage de M. William Jones : cet

immortel savant affirme que c'est à la
France que l'on doit les connoissances
les plus étendues et les plus exactes que
l'on ait en Europe sur la littérature
chinoise (1); enfin, pendant les trente
dernières années de la monarchie, un
ministre, dont le nom restera profondé-
ment gravé dans le cœur de tous ceux
qui l'ont connu, et dans la mémoire des
amis de la littérature, des sciences et
des arts de l'Inde et de la Chine, le
digne et vénérable M. BERTIN, entre-
tenoit avec nos missionnaires de Pékin
une correspondance scientifique et littéraire très-intéressante et très-active.
Comme le résultat de cette correspondance se trouve consigné dans les 15
volumes des *Mémoires concernant
l'histoire, les sciences et les arts des
Chinois*, recueil plus connu et mieux
apprécié par les étrangers que par nous-

(1) Voyez son *Commentaire sur la littérature des
Hindous*, dans les *Recherches asiatiques*, tome I,
p. 381 de la traduction française.

mêmes, je ne parlerai ici que d'une acquisition littéraire que nous devons à la même correspondance, et particulièrement à l'activité du savant Amiot et de M. Bertin : c'est la connoissance de la langue des Mantchoux ; langue d'autant plus précieuse qu'elle *nous ouvre*, suivant les propres expressions de notre missionnaire, *un libre accès à la littérature chinoise de tous les âges* (1), ces Tatàrs ayant fait traduire dans leur

(1) Dans sa Préface de l'*Eloge de la ville de Mouk-den*, pag. 5 et 6. Quand on n'obtiendroit, par l'étude de cette langue, qu'une connoissance plus facile des ouvrages chinois, que l'insurmontable difficulté de ce langage hiéroglyphique ne nous permet pas de consulter, ce seroit déjà une acquisition bien précieuse ; mais nous ne craignons pas d'ajouter, et la Bibliothèque Impériale possède des ouvrages qui prouvent que le mantchou est la clef des autres idiômes tatàrs : entre autres ouvrages précieux de ce genre, nous citerons un vocabulaire mantchou, monghol, tibétain et sanskrit. On trouvera de plus amples détails sur l'utilité du mantchou et sur la réduction que j'ai faite des

langue *tous les bons ouvrages chinois*.
Ces traductions ne sont pas, comme chez
nous, de pures spéculations mercan-
tiles, mais elles forment l'objet spécial
des travaux d'un tribunal (ou acadé-
mie), composé par moitié de savans
Chinois et de savans Mantchoux, également versés dans les deux langues,
et qui exercent sur leurs travaux mu-
tuels une censure très - sévère. Ce tri-

1400 groupes de son syllabaire à 29 lettres isolées
(ayant chacune quatre formes différentes), avec
lesquelles je rétablis les mêmes groupes du syllabaire, dans ma *Dissertation sur l'alphabet mantchou*,
publiée d'abord en 1787, *in-4°.*, et réimprimée ensuite
en 1789, à la tête du premier volume du *Dictionnaire
mantchou-français*, en 3 vol. *in-4°.*, dans les *Détails
littéraires et typographiques sur l'édition du Dictionnaire, des Grammaires, et des Dialogues mantchoux*,
placés à la tête du 3e. volume de ce *Dictionnaire*, et
dans ma *Notice d'un Dictionnaire latin-chinois-mant-
chou de la Bibliothèque Impériale*, en 3 vol. *in-fol.*,
insérée dans le tome Ve., pag. 581-606 des *Notices et
extraits des manuscrits de cette Bibliothèque.*

bunal, érigé par Kan-hi, second empereur de la dynastie actuellement régnante, c'est-à-dire, vers 1670, a continué ses travaux sans interruption ; il est établi dans le palais impérial. Kien-Long désignoit lui-même les ouvrages dont ces savans devoient s'occuper, revoyoit souvent leurs traductions, et y ajoutoit des préfaces, écrites avec son propre pinceau. Ces traductions forment maintenant une immense collection, et nous en possédons, à la Bibliothèque Impériale, environ trois cents volumes, qui ne seront bientôt plus un objet de vaine curiosité ; les matériaux que M. Amiot et M. Raux m'ont fournis, et ceux qui nous avoient été envoyés par leurs prédécesseurs, depuis le commencement du siècle dernier, m'ont servi à rédiger un *Dictionnaire mantchou-français*, en 3 vol. *in-4°.*, que j'ai publié en 1789 et 1790, avec les premiers types mantchoux exécutés en Europe, sous ma direction, par mon estimable ami, M. Firmin Didot, si célèbre par la pureté et l'élégance de son burin. L'impression des *Grammaires* étoit commencée lorsque les événemens politiques m'enlevèrent tous les moyens de poursuivre de pareils travaux. Aujourd'hui des circonstances plus paisibles, plus favorables aux lettres et aux arts me laissent entrevoir l'espérance de terminer cet ouvrage, de faire connoître et de donner les moyens de cultiver une langue savante et politique, entièrement ignorée en Europe jusqu'au commencement du dix-neuvième siècle. Avec quel plaisir je consulterois ceux de mes anciens maîtres dans cette langue qui peuvent encore exister, et je renouerois la correspondance littéraire de la Chine, à laquelle j'ai eu quelque part vers les dernières années qui en ont précédé l'interruption! Les dernières lettres que je reçus, en 1790, étoient de M. Amiot, qui donnoit l'approbation la plus positive à tous mes travaux sur le mantchou (1).

La lacune que les événemens révolutionnaires ont causé dans cette correspondance, l'abandon total et cruel dans lequel nous avons laissé nos missionnaires depuis près de quinze années, la mort de plusieurs d'entre eux ne doivent pas cependant nous faire perdre l'espérance de rattacher à nous ceux qui existent encore ; osons espérer qu'un Gouvernement plus éclairé , surtout moins indifférent sur ses vrais intérêts que celui de nos derniers monarques, profitera des fautes passées et de l'exemple des Anglais. Bientôt , sans doute , nous verrons les Missions Etrangères rétablies d'après un plan non moins orthodoxe , mais plus vaste, plus philantropique , et plus utile que celui

(1) J'ai fait imprimer deux de ces lettres à la fin des *Détails littéraires et typographiques relatifs à l'impression du Dictionnaire, des Grammaires et des Dialogues tatars-mantchoux.*

qui avoit d'abord été adopté (1). On n'y admettra que des ministres du culte, qui réuniront aux vertus de leur pro-

(1) On pourroit me reprocher de répéter ici les mêmes observations que j'ai consignées en 1790, pag. 18-22 et 37-40 de mon *Adresse à l'Assemblée nationale sur l'importance des Langues Orientales, pour l'extension du commerce, les progrès des lettres et des sciences;* mais on me pardonnera, je crois, de citer mon propre ouvrage, puisqu'il a été le premier et qu'il est encore le seul consacré à développer une vérité méconnue jusqu'à présent parmi nous, et dont tous nos voisins, les Anglais surtout, sont intimement pénétrés. La meilleure preuve que je puisse présenter en faveur de mon assertion, est le magnifique collége qu'ils viennent d'établir dans le fort William à Calcutta, pour l'enseignement du persan et des principales langues de l'Inde. Les professeurs et les élèves sont également pensionnés; vingt ouvrages élémentaires de ces langues, tels que grammaires, dictionnaires et autres avoient paru à Calcutta en 1802. On peut voir la nomenclature de ces ouvrages, dont la Compagnie a payé la composition et l'impression, à la suite des *Essays by students*, etc. (Essais des étudians du collége du fort

fession des connoissances utiles dans les
lettres ou dans les sciences, de bonnes
vues politiques et un véritable amour

William, auxquels on a ajouté les thèses prononcées
dans les exercices publics, sur les langues orientales,
le 6 février 1802.) *Calcutta*, 1802; *in-8°.* 1 vol. La
même liste se trouve à la fin du IVe. volume de
l'*Asiatick annual register*, *for* 1802. Si l'exemple des
Anglais, à qui l'on ne refusera certainement pas le
droit de faire autorité pour tout ce qui concerne l'important objet dont il s'agit, pouvoit exciter l'émula-
tion de notre Gouvernement et le déterminer à consa-
crer un grand et bel établissement à l'enseignement
des langues orientales, nous croyons qu'on ne pourroit pas établir de meilleurs réglemens que ceux qui
composent les statuts du collége du fort William.
Il n'est pas inutile de rappeler ici que dès 1784, les Anglais ont formé à Calcutta une société académique qui
a déjà publié sept gros volumes *in-4°.* de ses *Mémoires*,
sous le titre d'*Asiatick researches* (Recherches asiatiques, etc.); nous ne parlons pas ici d'un grand nombre
d'excellens ouvrages littéraires et politiques, imprimés
aussi à Calcutta, et dont je possède la seule collection
à peu près complète qui existe en France.

de la patrie. Les bornes que je me suis
prescrites ne me permettent pas de développer ici les précautions qu'exige
le choix de ces missionnaires (1), ni
de faire l'énumération des talens et des
qualités nécessaires pour leur procurer des succès utiles à leur pays. Je
ne puis m'empêcher pourtant d'insis-
ter sur une précaution bien essentielle,
et prescrite autant par la prudence que
par l'équité, c'est de rétablir nos relations avec les missionnaires de Pékin,
sur le même pied où elles étoient avant
la révolution. On doit leur rendre la
modique pension dont ils jouissoient.

(1) En insistant sur la nécessité de n'envoyer que des
missionnaires à Pékin, je suis fort éloigné d'imaginer
que le caractère sacerdotal soit indispensable pour
obtenir les bonnes grâces de l'Empereur; mais comme
tous les Européens qui ont habituellement accès auprès
de sa personne en sont revêtues et forment *corps*, je
doute que celui qui ne seroit pas de ce corps puisse
réussir, et ne pas même éprouver des désagrémens.

On y joindroit, comme par le passé, les
instrumens de physique les plus nou-
veaux et les plus intéressans, quelques
livres de sciences et d'arts, et quelques
présens pour l'Empereur. Ces présens
consistoient toujours en objets curieux
provenans de nos manufactures, lesquelles jouissent d'une grande réputa-
tion à la Chine, même nos manufactures
de porcelaine. Les missionnaires ne
manquoient pas de les lui offrir tous
les ans, à l'anniversaire de sa naissance.
Quelquefois il leur indiquoit lui-même
les objets qu'il désiroit, et leur donnoit aussi des commissions pour l'Europe. On se rappelle que Kien-Long fit
graver à Paris seize énormes planches
représentant son expédition contre les
Eleuthes, d'après les dessins de différens
Jésuites. Que de moyens nous avons
pour piquer la curiosité d'un monar-
que chinois, et que de prétextes pour
lui envoyer une ambassade! Les
utiles documens de nos missionnaires

nous aideroient à prévenir les difficultés inséparables d'une pareille en-
treprise; ils les aplaniroient par leurs
fréquentes communications avec l'Empereur et les grands de sa Cour. Ajoutez
à tous ces avantages celui de n'employer pour agens intermédiaires et
pour interprètes que des hommes fa-
miliarisés avec les trois langues, le
Chinois, le Mantchou et le Français,
dévoués à leur patrie et jouissant auprès des deux puissances d'une con-
sidération bien méritée. Le zèle avec
lequel ils se sont empressés de répondre
à toutes nos questions sur des objets de
simple curiosité, disons plus, les services
qu'ils nous ont rendus dans plusieurs
circonstances assez délicates (1), sont

(1) « En 1786, 1787, 1788, leur Procureur résident
» à Macao a eu l'avantage de se rendre utile aux
» officiers et aux équipages de plusieurs vaisseaux
» français, expédiés vers ces plages. . . . .
. . . Ce sont les missionnaires qui ont donné lieu au

les garans de ceux qu'ils nous ren-
droient encore, et de l'activité qu'ils
montreroient dans les négociations politiques.

» commerce que la France a entrepris dans les pays
» orientaux, et à la formation de la première Compa-
» gnie des Indes, etc. » Voyez un extrait de l'adresse
des Missions étrangères à l'Assemblée nationale, que
j'ai consigné dans les notes placées à la suite de mon
*Adresse à la même Assemblée sur l'importance des
Langues Orientales pour l'extension du commerce, les
progrès des sciences et des lettres*, pag. 38-40.

NOTA. J'ai composé ces Observations pour
servir d'introduction à un ouvrage intitulé : *Voyage en
Chine et en Tatárie*, à la suite de l'Ambassade de lord
Macartney, par M. Holmes, sergent-major de sa
garde; auquel on a joint les Vues, Costumes, etc., de
la Chine, par M. W. Alexandre, les planches de l'Atlas
original de cette Ambassade, omises dans la traduction française, et leur explication, etc., 2 vol. in-8°.
L'importance que j'attache aux motifs qui me les ont
dictées, et aux idées qu'elles renferment, m'a déter-
miné à en faire tirer séparément quelques exemplaires
pour les distribuer aux personnes capables d'apprécier
ces motifs, et d'exécuter mes idées avec les modifica-
tions convenables.